말이 고픈 날

국립중앙도서관 출판시도서목록(CIP)

말이 고픈 날 : 이동숙 시집 / 지은이: 이동숙. -- 대전 : 오늘의문학사, 2013
p. ; cm. -- (오늘의문학 시인선 ; 324)

ISBN 978-89-5669-572-3 03810 : ₩8000

한국 현대시[韓國 現代詩]

811.7-KDC5
895.715-DDC21 CIP2013019569

말이 고픈 날

이동숙 시집

오늘의문학사

‖ 서문 ‖

나는 시를 알지 못한다.
시에 대해 배운 적도 없고
어떻게 써야 하는지도 모른다.

꼬맹이 시절
학교에서 숙제로 내어준 그림일기
동그라미 다섯 개가 좋아서 그림을 그렸었다.

마음이 자라면서
누군가에게 말하듯
그냥 나에게 얘기를 했다.

이발사는 대나무 숲에서
구덩이를 파고
임금님 귀는 당나귀 귀라 외쳤다지.

나는 그리도 못하여
산에 가서 야~호! 라고 소리치거나
바닷가에서 꺼이꺼이 울었었다.

그러고도 더 남아있는 조각들
일기장에 마음을 조금씩 열었다.
임금님 귀는 당나귀 귀라고.

나는 모르겠다.
시가 무엇인지 정말 모르겠다.
그래도 열심히 쓸 일만 남았다.

차례

2부 하늘 구경 하시겠다

3부 발랑댁 삼천포로 빠지다

4부 밥 먹는 여자

메주가 메주로고
상 위에 짚단 깔고
주르르 늘어놓으니
종종종
촌 아낙 걸음걸이
겨울 하루가 후다닥 가버렸다

새집에서

천하대장군 지엄하게 서 있고
지하여장군 호호 웃는 곳 지나

토란교 넘어서면
작은 길목 돌아

농로 포장한 곳
끝나는 지점

황토벽돌 곱고
잿빛 지붕 정겨운

시골 인심 녹록치 않아
옛 살던 동네 생각나지만

내 반쪽 건강하고
내 분신들 잘 살아준다면

조금은 세상 그립고 외로워
촌 아낙으로 살아도 나는 좋겠다

봄 준비

건너편 묵은 밭
억새풀이랑 개망초 씨앗들이 우거진 곳
불을 놓아 둑을 태운다

파주 쌀 막걸리
노랑 우의 허수아비 논에도
소똥 거름을 뿌렸다

아랫집 과수나무에도
새로운 흙으로 옷을 입히고
봄 마중을 한다

겨우내
얼었다 녹았다 하던
고추 대를 태우고 캑캑 잔기침을 한다

농사의 농 자도 잘 모르는
2년차 촌 아낙은
이것저것 파종할 생각에 꿈이 부푼다

아직 봄은 조금 더 있어야 하는데
첫사랑 설레임처럼
마음이 먼저 붕붕 떠다닌다

넋두리

연고도 없는 곳으로 집 지어 들어온 지 3년

집 지을 때 맘고생으로 시작한 산골 생활
동네 애경사 찾아 인사하고
부녀회 봄나들이 빠짐없이 참석하지만
늘 이방인 같아 마음 한편이 비어 있다

일 년에 한두 번씩 방문하는 손님들은
넘넘 좋다고 자기들도 나이 들면 이렇게 살고 싶다고
조금이라도 젊은 나이에 꿈을 이뤘으니 얼마나 좋으냐고

나는 허허 웃지만 속으로 말한다
이런 곳엔 1년에 한두 번 와야 좋지 살아보소
얼마나 외롭고 사람 그리운지

도회적이지도 못한 아낙은
백화점 옆집에서 살고 싶었다

그럼 1시간에 1대 오는 버스 놓칠까봐
조바심 안 해도 되고

사람 그리워서
마당에 캉캉 짓는 강아지랑 소꿉놀이 안 해도 되고
컴퓨터 고장 나 한 보름 인터넷 안 해도 무료하지 않고
강아지만 짖어도 누가 오나~
목 길게 빼고
눈 짓무르지 않아도 좋을 만큼 외롭지 않았음 한다

이런 저런 넋두리하다
퍼뜩 정신 들어
그냥 아무것도 없어도 되니
내 반쪽 더 이상 아프지 않고
아들 딸 무던하게 제 길 잘 갔음하고 빈다

배추 농사

감자 캐고 남은 자리
다시 흙 고르기 하고
퇴비 뿌려 비닐을 씌운다

포토에 씨앗 심어 싹 틔운 배추
한 포기 한 포기 옮겨 심고
아침저녁 물 주어 정성 들인다

무농약 유기농으로 키우려니
굼벵이 놈 뿌리째 싹뚝 잘라 먹어
다시 듬성듬성한 자리 모종을 한다

10월 중순 접어드니
올망졸망 언제 자라나 했더니
배추 모양새를 갖추어 간다

어느 날부턴가
배추벌레가 번성해서
그물 모양으로 배추가 내려앉는다

목초액 희석해서 분무기로 뿜었더니
배추벌레 더 이상 기생하지 않고
간신히 반 이상 배추를 지켰다

반타작이 어디냐고 좋아할 때
공급 잉여로 배추가 밭에서 출하도 못한다
'이 노릇을 어쩔꼬!'

천오백 포기 심어 부풀었던 꿈
겨울 와 밭에서 얼었다 녹았다 하면서
허옇게 말라갔다

메주 만드는 날

봄날같이 포근한 겨울 하루
노랑태 물에 불려
조리로 돌 골라내고
소쿠리에 건져 물기 빼고
마당 한 켠에
가마솥 걸어 불을 지핀다
약한 불에 6시간 삶아
뭉근해져 구수한 냄새 나는 콩
절구에 푹~푹 빻아
사각 틀에 넣고 발로 밟는다
오~호
메주가 메주로고
상 위에 짚단 깔고
주르르 늘어놓으니
좋좋좋
촌 아낙 걸음걸이
겨울 하루가 후다닥 가버렸다

허수아비

건너 건너편 호박밭에
허수아비 하나가 입주를 했다

노랑 우의로 말끔히 단장하고
파주 쌀 막걸리 통 얼굴을 했다

팔 벌리고 서있는 모양새 우스워 또 한 번 보니
빈 막걸리 병 얼굴에 코까지 발갛다

처음 보는 이상한 놈이라
요크샤 캉캉 짖어도

못 들은 척 삐딱한 어깨 위로
유월의 한낮이 뜨겁다

휴일의 하루

남정네는
비닐로 바람막이를 만들고
생쥐 드나들던 구멍을 막고
늘어진 빨랫줄도 팽팽하게 다시 매고

아낙은
느티나무 잎이랑
마당 가득 쌓인 낙엽을 모은다
낙엽 타는 냄새가 기분을 좋게 한다

스무 해 전에 울 아들 걸음마 할 적
심었던 아들 키만 하던 느티나무
하늘로 나래 펼쳐
마당을 뒤덮었다

무 배추 뽑고 남은 자리
마늘 심을 준비로 잔손 분주하고
천방지축 누렁이 온 마당 헤집을 제
겨우살이 준비 하루가 저문다

물물 교환

올 2월에 건 고추 한 푸대와 바꾼 꼬맹이 진도
튼실한 성견이 되었다
벅벅 짖다가 빤히 보더니
꼬리를 살랑살랑 흔든다
꼬맹이 때 졸졸 따라다니던
옛 쥔을 기억하나보다

이번은 풀 뜯어 대기도 벅찬 토끼 3마리
마늘 한 접과 바꿨다
한나절 차로 달려와 손익 계산이 안 되지만
내 반쪽이 누님을 만나 반갑고
행복해 하는 반쪽을 보는 나 또한 행복하다
오늘 물물 교환 성공이다

산골여자

어느 유명 음악가가 내한을 해서 연주회를 했는지
어떤 화가의 그림이 유명한지
사회적 이슈는 무엇인지
올 가을 유행할 옷은 어떤 것인지

계절이 바뀌는지
꽃이 피는지 지는지
비가 오는지 그치는지
한세상 살면서 몰라도 그만이다

그래도 비오는 날
첫사랑 기억이 뚝뚝 촛농처럼 떨어지고
유행가 가사에 눈물 적시고
커피 향에 취하기도 하고

여자 나이 쉰
달거리 끊겨 가고
깜빡 깜빡 건망증으로 고생하고
갱년기 증상으로 등짝 후끈거려 잠 못 이루어도

아줌마로 불리기도
할머니로 불리기도
어정쩡한 나이로 늙어 가
얼굴 주름 늘어 가지만

까만 얼굴 산골 여자
빨강 장화 신고
몸빼 바지 걸치고
오늘도 온 마당을 휘적인다

귀갓길

지루한 장마 끝
비 멎은 택시 승강장은 한산하다
콜을 하는 전화 벨 소리는 요란한데
텅 빈 승차장은 더 고요하다

시골로 시골로 밀려든
외국 근로자들
봉지 봉지 가득 들고
요란 법석 마지막 버스에서 내린다

승강장 길게 늘어선 뒤꽁무니
더 길어진다
또 콜 전화가 요란하게 울린다

한참을 기다려 들어온 택시
짧게 행선지 말하니
총알처럼 익숙하게 달려
읍내를 벗어난다

12시 넘었다고
요금 두 배에 1,000원 추가다
은색 가로등 불빛 아래 내려
터벅터벅 걷는데 풍산개 반갑다고 펄쩍거린다

일상 탈출을 꿈꾸며

오늘 문득
아무 일도 없는 것처럼
무료함이

공연히
벽장 속에 아무렇게나 둔
오래된 일기장을 들춘다

기억 속 여행으로
시간이 과거로
거슬러 올라가고

잊혀지고
지워졌던 생경한
이름과 얼굴들이 그곳에 있다

먼 기억의 시간 여행 속에서
일상을 훌훌 털어버리고
탈출을 시도한다

자유로운 시간 여행 속
종착역은 번번이 현실 속에 있다
공연히 눈물이 삐져나온다

말이 고픈 날 1

숨이 컥 막혀
죽어 버릴 것 같던 날

창문 꼭꼭 걸어 잠그고
세콤까지 하고

냉장고에 등 기대어
펑펑 울었다

아마도 필름 끊고
잠들어 한동안 또 속울음 울었으리라

시간이 흘러
아무 일 없다는 듯

빨간 장화 신고
개똥 치우고 밥 주고

또 그렇게
날은 밝아 왔을 것이고

말갛게 씻은 얼굴로
하루를 열었을 것이다

당신
말 고픈 날은 뭐하세요?

말이 고픈 날 2

말이 고파 허기지던 날
말이 고픈 여자와 마주 앉았다
그녀는 주섬주섬 말들을 늘어놓았고
머리가 멍하니 비어갔다

내가 고픈 말들을 주절거릴 때
그녀도 지루했을까
그날
그녀가 양주 한 병을 바닥내고도
끄떡없이 버티고 앉아 있을 때
윙윙 벌들이 날아다닌다

그녀가 내 앞에서 그러하였듯이
억울함과 서러움으로 몸서리를 치듯이
오늘
벌들이 더 소리를 높여 윙윙거린다
그날, 그녀도 그랬을까

가을걷이

들이 점점 넓어져 간다

줄기를 걷고 수확을 마친 고구마 밭
소 사료로 자라던 키 큰 풀
건너편 벼들 들 깻단
베어져 나간 들 깻단
메주콩 있었던 자리

마당은 점점 좁아져 간다

무우말랭이 가지나물 배추 무시래기
아직 마르지 않은 고구마
들 깻단 메주콩
당뇨에 좋다는 뽕나무
바싹 마른 토란대
굼뱅이가 먹어 조금밖에 수확 못한 땅콩

아직도
가을걷이는 멀었는데
마당은 벌써 만석꾼이다

침술원에서

물먹은 솜처럼
맥 놓은 육신을 누이자
천 길 낭떠러지
나락으로 숨어든다

툭 쳐서
대침을 놓는다
발바닥 양손 등
얼굴

나른한 평안함에
잠결인 듯 아득하다
대침의 통증보단
뒤틀린 육신의 무안함이 더 부끄럽다

흩어진 머릿결
끌어올리는 손
여전히 미세한 떨림으로
울컥 울음 쏟아낸다

뒤틀린 육신
추슬러 발걸음 옮길 적에
허허로운 바람 지나고
여전히 무심한 하루가 간다

응답

조금 오래전
사는 것이 너무 너무 힘들어
의자도 없는 교회당에 미친년처럼 철퍼덕 앉아
펑펑 울었더랬다

새벽 기도를 드리러 온 교인들이
두 다리 펴고 훌쩍이는 여자 땜에 당신들 기도도 하지 못하고
그녀를 위해 대신 기도를 해주었다

조금 오래전
산다는 게 뭔지도 모르는 쪼그만 여자가
울지도 못하고 멍~하니 교회당 바닥에 퍼질러 앉아 있을 때

새벽잠을 깨
기도 올리러 왔던 교우들이
철없이 떼쓰는 그녀를 위해 울어주었다

그 새벽 젊은 전도사님이 들려주신 말씀
"무화과나무 열매 마르고 논밭에 곡식이 없어도
난 여호와로 인하여 기뻐하고 즐거워하노라 "

여자는
교회당을 올 때처럼 아무것도 없이 내려가면서
다시는 울지 않았다

전화도 없던 시절 출장 간 남편에게서 연락도 없고
잠시 집 비운 사이 몇 장 남은 연탄과 쌀을 도둑맞아
동짓달 방은 일주일째 냉골이고
3살 5살 두 아이 먹일 아침거리가 없었다.

주일 성수

동서남북을 지키는 개들에게 밥을 준다
시원한 물도 다시 갈아주고
토끼들에겐 브로콜리 잎을 뜯어다 준다
한 마리 남은 장닭은 밥찌꺼기와 국수 남은 것을 준다

머리를 감고 샤워를 하고
정성껏 화장도 하고 이쁜 옷도 입는다

십오 분 걸어 나가
한 시간에 한 대 오는 버스를 타고 1시간 가서
다시 기차를 타고 40분
지각할세라

허겁지겁 발걸음 재촉해서 교회로 들어선다
아주 행복한 얼굴로
교인들과 반가움에 인사를 나누고
경건한 예배를 드린다
나라를 위해서
교회를 위해서
남편 아들딸을 위해서

예배가 주께 영광을 돌리기를 간절한 기도를 드리고
특송으로
"하나님의 나팔소리" 찬양도 하고
아~멘 아멘
은혜가 넘친다

오후 예배 후 먼 길 돌아
다시 집으로 온다
성경책을 테이블에 두고
옷을 갈아입는다

그리고 아무도 안 들리게
하나님도 못 들으시게
속엣 말로

덥고
멀다
안 가고 싶다

잠 안 오는 밤

초저녁 새우잠을 자고 일어났다
잠은 오지 않고 여기저기 쑤셔대기는 하는데
문득 허망함이 울컥 올라온다

개구리는 쉴 새 없이 꽉꽉 울어
밤이 더 짙어가고
어디서 들어 왔는지 청개구리 한 마리
창문가에서 폴짝인다

바보상자는 보는 이도 없는데
혼자서 히히 웃고 떠들다
무슨 화장품 광고를 하고
젊은 여자 하나가 요염하게 웃는다

싱크대 쪽으로 가서
공연히 덜거덕거리다
냉장고 문을 열었다 닫았다
물 한 모금 마시고 다시 컴퓨터 앞에 앉는다

다 읽은 글
다시 여기저기 클릭하고
낮에 본 사진 또다시 보다가
실없이 실실 웃는다

바보상자 속에서 낯익은 탤런트가
주먹을 불끈 쥐고
뭐라 뭐라 악을 쓰며
자기주장을 내 세운다

문득 나 혼자 툭~
어딘가에 떨어져 있는 느낌이 들어
더운 커피 한 모금 마시고
속을 데운다

하소연

콩 심은 데 콩 나고
팥 심은 데 팥 난단 말
누가 했는지
말짱 거짓말이다

심은 콩은 비둘기가 파먹고
팥은 싹도 안 났다

심지도 거두지도 않은
6월 땡볕의 잡풀
뽑고 또 돌아서면
나 여기 있소 나온다

모종한 호박 고구마
거름 독해 타죽고
무성한 배추
장마에 짓물러가고

오락가락하는 비에
초보 아낙 한숨이 는다

빈집

말구리길 27호
두어해 전 서울 부자 양반
논을 메워 밭을 만들고
다시 그 터에 빨간 벽돌집을 지었다

네모 반듯하고 획일적으로
누가 이사 오나 기다려도
굳게 잠긴 문은 궁금증만 자아내고
두어 해가 지났다

현관 문 앞 토끼풀들 자라고
엉겅퀴 민들레 애기똥풀
가꾸지도 거두지도 않았는데
흐드러지게 피어 집을 지킨다

비싼 자동차로 부동산 업자들
수시로 드나들어 마당에 차바퀴 자국 그득한데
말구리길 27호
아직도 빈집이다

눅눅해진 이불
내다 널며 올려다본 하늘
울 엄니 얼굴 같다

그대

좋은 날들 지나
이제 늙어가며 병약해도
여전히 내 좋은 사람임을 기억하소

이름도 생경한 악성 신생물이
암이란 거 처음 알던 날
그대 앞에서 울었는데
참 그댄 담담하더이다.

비 오는 가을밤
이 비 그치고 또 하루가 오면
그대 얼마나 힘들게 견뎌야
하루를 맞이할는지

반쪽과 금쪽

남편을 먼저 보내면 뒷산에 묻고
자식을 먼저 보내면 앞가슴에 묻는다 했던가
옛말 하나 틀린 게 없다
반쪽이
악성종양이란 말을 들었을 때
놀라고 무섭기도 했지만
처방대로 치료하고
식이요법 잘하면 될 거라
스스로 위로했다

방학을 마치고 돌아오는 금쪽
허리에 두 손 받치고 어기적어기적 걸어오는데
하늘이 무너져 내렸다
반쪽 수발하느라
내 금쪽
허리 삭아가는 줄 몰랐었네
걱정 말라며 싱겁게 웃고 수술실 들어가는데
금쪽이 가슴 아플까 봐 울지도 못하고
차라리 대신 아팠으면 빌고 또 빌었다
자식은 품 안에 자식이라는데

에미 눈엔 아직도
아직도 그게 잘 안 된다.

내 반쪽 건강하고
내 분신 반듯하게 살면
내 손바닥 지문 닳아 없어져도 나는 괜찮다

축제

남정네들은
검정 양복으로 예를 갖추고
여인네는
하얀 치마저고리에 나비 핀 머리에 꽂고
국화 향기 진동하는 가을 저녁
찬송가 울려 퍼지고
오랫동안 만나지 못했던
일가친척들 서로 반가운 얼굴 대하고
오 그래 자네 아직도 그대로일세
형님 무고하시지요
누님 여전하십니다
작은 어머님 아직도 정정하시네요

허허 그려
호상일세
망인께선 복도 많으이
상주들 모습 좀 보소
수줍은 듯 웃으시는 영정 앞에서
모든 이들이 평화로이
서로의 안부를 묻고

얼굴 볼 수 있음에 망인께 감사한다

밤은 깊어 가고
아직도 국화 향기 짙은데
축제의 시간이 지나
예정된 이별이 성큼 다가온다

아버님 기제에

학생부군 경주이공 신위
홍동백서
정성껏 올린 젯상 앞에
당신의 자손들이 있습니다

춥고 눈 내리던 동짓달에
열 살배기 상주의 울음 속에 가셨지요
그 막내가 이리도 장성하여
아버님 전에 절 올립니다

어린 막내 두고
눈도 못 감으셨는데
여기 고물고물 하는 녀석들
아버님 손자들입니다

아버지의 귀여운 여인 울 엄니
당뇨에 치매 합병증으로
자유로운 시간 여행을 하시지만
지금도 여전히 어여쁜 여인네랍니다

내 첫 사랑 울 아버지
좋아하시던 청주
향불에 세 번 돌려
그리움으로 올립니다

아버지 기쁘시지요

아버지
기쁘시지요
당신의 예쁘고 귀여운 여인
이제서야 만나셨나요

늘 당신 그리워했는데
혹시 그 예쁘고 귀엽던 얼굴
간 데 없어서
못 알아보시는 건 아니겠지요?

27년 세월
참 많이도 당신 그리워하시고
왜 이리도 시간이 안 가는지
늘 애타 하셨답니다

아버지
당신의 귀여운 여인
나이 들어 호호 할머니일 때도
입 가리고 웃으신 거 아세요?

아버지
이제 헤어지지 마시고
당신의 예쁘고 귀여운 여인과
오래오래 행복하세요

그대 가시던 날

떠나는 그대
여전히 인자한 미소 짓고
말이 없는데

보내는 이
회한의 오열 속에
가슴을 뜯는다

1시간 조금 지나
뼈 몇 조각으로 돌아온
그대 내 귀여운 여인 어머니

안은 황토 겉은 옥으로 된
작은 항아리
그대의 안식처

가슴에 안으니
아직도 온기 남아
눈물바다를 이루고

오산리 소망의 집에 모시고
돌아와 상복을 벗는데
가을 하늘은 왜 이리도 맑던지

산소에서

금천동 다리 건너 한참을 가면
장팔리 곰실
삼십 년의 기억은 그곳에서 끝이 났다
산세도 바뀌고
우사에서 나는 분뇨 냄새
머리가 어지럽다
여기 어디쯤
대나무가 있었지
대쪽 같았던 우리 아버지
내 키보다도 더 큰 잡풀들 해치고
산모기에 뜯겨 가면서 들어선다
소나무밭 사이로 점점 얕아지는 봉분
명당이라고 잡아서
울 아버지가 직접 지목한 곳인데
강산이 세 번 바뀌면서 형세도 변한 걸까
황태포, 배, 사과, 소주
가지런히 놓고 아.버.지. 불러 본다
소리 내 불러본 게 얼마만일까

하늘 구경 하시겠다

밝은 햇살 펴진 날
연로하신 울 엄니
하늘구경 하시겠다

눅눅해진 이불
내다 널며 올려다본 하늘
울 엄니 얼굴 같다
힘들고 어려운 일 있어도
언제나 자식들 앞에서
밝게 웃으시던 엄니

예쁘고 귀여운 울 엄니
아직도 손으로 입 가리고 웃으시는
하늘같으신 분

귀여운 여인

칠순을 훌쩍 넘긴 연세에도
손으로 입 가리시고
조용히 웃으시는
여전히 작고 귀여운 여인
오랜 투병 생활로
점점 작아지시더니
이제 뼈에 가죽만 남아
그냥 바라만 봐도 눈물이 고입니다

귀 먹고 이 빠져
오물오물 음식 드시고
아기같이 맑은 눈으로 올려다보실 제
가슴 먹먹함으로 등 돌려야 했습니다

사랑은 내리사랑이라 했던가요
당신이 제게 쏟으셨던 그 사랑
자식에게 내림하면서
당신께 무심했습니다

입으로만 오래오래 사세요 하면서

어쩌다 한번 다녀가서
용돈 몇 푼 쥐어드린 것 말곤
정말 내세울 것 없습니다

자식 욕심으로 그냥 살아계셔
어머니라고 부를 수만 있었으면 하는
작은 바람은 당신께
욕이 된 것 같아 또 울먹입니다

어머니
내 어머니
여전히 제겐 귀엽고 예쁘신 여인입니다
그 옛날 아버지가 그러하셨듯이요

이삿짐 속에서

장롱 깊숙한 곳에서
청홍색 보에 싸여
잠자던 사주단자

큰 아이 배냇저고리
아이 장성해 장가들면
베개 속에 넣어주려던 것

둘째 아이 유치원 졸업 사진
초등학교 성적표
삐뚤삐뚤 써내려간 일기장

남편이 출장 가서 보낸
긴 사랑의 연서
결혼기념일 때 받은 목걸이

오래 묵은 내 일기장들
낡은 사진첩
울 시 엄니 영정사진

잊히고 묵혀두었던
내 귀한 보물들이 한꺼번에
우르르 쏟아져 나왔다

결혼 25주년에

철없던 시절 결혼의 의미도 모르면서
그대와 백년가약을 맺었습니다
살아온 시간이 너무도 달랐기에

많은 날 서로 닮아가기 연습도 했었지요
둘이 있어도 외롭던 아픔도 있었지만
천국을 드나들던 행복함도 많았지요

그대 닮은 분신들 훌쩍 자라
제 갈 길 준비를 하는 지금
젊고 늠름했던 모습
이제 추억 속 사진으로 남고

서로 불쌍히 여기며
가려운 등 긁어 주며 웃는데
아침 눈 덮인 산을 바라보며
짧은 입맞춤으로 사랑한단 말 대신합니다

결혼 26주년

또 한 해를 보내며
당신과 맺은 인연의 끈을 늘입니다
25주년을 맞으며 감회에 젖은 날이 엊그제 같은데
사랑하며 살기에도 부족한 날들
돌아 보건대 미워하며 마음에서 몰아내기를 수없이 하며
한해가 지났습니다

잠든 당신 가슴 위에 손 대어보고
귀 기울여 숨을 쉬나 확인하며 산 날들
그저 곁에만 있게 해달라고 빌었었는데
마음에서 밀어낸 날들로 아파야 했습니다
생각의 다름을 조율하지 못하여
깊은 우울에서 벗어나지 못해
한 움큼의 약을 삼키던 절망의 날

결혼 26주년
점점 더 숫자가 늘어날수록
우리네 모습은 점점 더 쪼그라들고
나약해지겠지요
그리할지라도 당신 이생의 배필입니다

그대 두고 오던 날에

그대 두고 온 첫날밤
좁디좁던 공간이었는데
비어서 아무것도 없는 내 마음처럼
왜 이리도 휑하니 넓던지요

머리 땅에만 닿으면
부끄럼도 모르고
코까지 골며 잠들었는데
밤은 왜 이리도 길던지요

천정의 작은 꽃무늬를 세어도
부스럭부스럭 집안 정리를 해도
그냥 멍하니 벽에 기대어도
그대만 생각나네요

내 심정 이럴진대
병상에 있는 그대 어떠할까
자꾸만 속울음 나와
기어이 통곡하고 울었더이다

그대 오시던 날

그대
봄비로 내게 오시던 날
들풀은 수줍어
고개 숙이고

그대
바람으로 내게 오시던 날
민들레 꽃씨
그리움으로 날고

그대
햇빛으로 내게 오시던 날
초록은 더 짙어
숲을 이루고

그대
그렇게 내게로 오시던 날
엷은 신열로
내내 앓아야 했더이다

당신

푹푹 찌는 토요일 오후
초인종도 못 누르고
달그락 열쇠 돌리는 소리를 내는 사람

초인종 누르면
혼자 있는 아내가 놀랄까봐
참 착한 사람

더위에 젖어
오늘은 더 늙어 보이는
정말로 늙어 가는 사람

좋을 때보단
미워하며 눈 흘길 때가 더 많았던
이마에 주름 늘어가는 사람

다시 태어나도
나랑 결혼할 거란 말
아무 때나 어디서나 하는 바보 같은 사람

피곤한지
깊은 오수에 들어간 모습
오늘따라 더 슬퍼 보이는 사람

죽어서도 이별할 수 없는
내 목숨보다 더 소중한 사람
그런 사람

당신이 있어 행복합니다

39.5도
고열 속에서도
당신은 내 걱정을 했습니다

원인 몰라
여기저기 검사에
여러 날 금식으로 지쳐 가는데

나는 당신을 위해 할 일이
정말이지 아무것도 할 일이 없어
당신 손잡아 주는 것이 고작이었습니다

젊은 날
가슴 뛰게 했던
늠름한 모습은 점점 사라지고

병약한 모습으로 침상에 누운 당신
내가 당신을 위해 할 수 있는 일이 없음에
그저 보름 동안 당신 곁을 지킬 수밖에 없었습니다

힘든 수술 무사히 마치고
나오는 모습
얼마나 고맙고 감사하던지요

수술 실밥도 풀지 않은 몸으로
출근하는 뒷모습 보고
오늘도 몰래 울었습니다

더 이상
가슴 뛰지 않아도
운동회 때 업고 달리기 할 수 없어도

그냥
그냥
당신이 곁에 있어 행복합니다

시나브로

그래요
당신 이름 시나브로

이름처럼
시나브로 스며들었습니다
내가
당신을 다 알아가기도 전에

아주
천천히
조금씩
조금씩

아는 듯 모르는 듯
당신에게 길들어 가며
부딪쳐 생채기를 내면서
시나브로 당신을 닮아 갑니다

당신 닮아가는 거 싫어
작은 손 홰홰 내저어도

당신은 벌써 내 맘 속에서
커다란 거목으로 뿌리 내려 있습니다

젊은 날 가슴 뛰어
열병을 앓게 했던 모습의 시나브로
내 소중한 아이의 아버지
당신을 사랑합니다

그대에게 죄가 되어 부끄럽더이다

먹은 거 다 토해내고
맥 놓아 눈 감은 모습
잠들어 고통에서 놓여 날 제
혹시나 하여 숨소리 들어본다

내 아무리 애달프고 서러워도
그대 아픔 대신할 수 없음에
그대 고통에서 놓여 날 수 있다면
손 문드러져 없어져도 좋으리라

방사선에 약물치료
나날이 지쳐만 가는데
멍~하니 구경꾼으로 있음이
그대에게 죄가 되어 부끄럽더이다

칼로 물 베기

당신 없인 못 사네
다음 생에서도 또 만나
부부 연 맺고 사세나

어쩌고저쩌고 하더니
사소한 의견 하나
조율하지 못해

등 돌리고 앉은 한 뼘
아득하게 멀어
천리인 듯 만리인 듯하다

온갖 서러움에
울컥 눈물마저
삐져나오고

새우 등 구부려
울다 잠들어도
여전히 서럽다

소심한 복수

밥상 위에
내 수저 먼저 놓기

내 밥그릇에
밥 먼저 담기

아침에 무쳤던 나물
점심상에 또 올리기

식탁에 그득했던 반찬
서너 가지로 줄이기

식사 하라고 불러도 안 오면
나 먼저 먹기

사실은
이 모든 것
아무 것도 안 하기

발랑리로 이주하면서
발랑댁이라 이름 지어진 그녀
앞산이 연녹색으로 물들어
발랑댁 가슴까지 번져 오던 날

아침 풍경

밤사이 내린 눈으로
온 천지가 하얀 염색을 했다
감탄보다는 먼저
동물 식구들 안부를 확인한다

멋진 시 한 수 지어보라는 남편 말
귓전으로 흘리고
빗자루 들고
눈 치우기가 바쁘다

강아지 집 가는 다섯 길
김장 묻은 항아리 길
집 주변으로 뱅뱅 돌아
사람 다니는 길 만들고

꽁꽁 언 몸
추슬러
현관문 들어서니
밥 익는 냄새 구수하다

여름 저녁

영글어 터질 듯한 옥수숫대 뒤로
검은 산이 자리를 하고
달은 산 뒤에 숨어 해산을 기다린다

나올 듯
나올 듯
애 태운다

어느 순간
퐁
하고 달이 튀어 나왔다

밝고 둥근 달이
점점 다가오더니
가슴속으로 들어 왔다

달이 있어 좋고
별이 있어 더 좋고
허물없이 웃을 수 있어 좋다

바람에 두엄 내음 실려와도
마냥 즐거운 여름밤
나는 살아 있어 감사하다

첫날에

기축년 새해 복 많이 받으세요
새해엔 좋은 일들만 가득하세요
한 해 동안 감사했습니다
친구야 건강하고 행복하렴

하루 종일 문자 메일이 들어온다
새해를 맞이한다는 실감도 나지 않는데

온 지구가 새해맞이로 들썩인다고
TV가 여기저기 비추지만

발랑리 산골은
여전히 춥고 아무 일도 일어나지 않는다

내 좋은 사람과 평온하게 한해를 같이 보내고
웃는 모습으로 새해를 맞이했듯이

무자년의 날들처럼
기축년도 그리 살았음한다

이만큼만 건강하고
이만큼만 사랑하며

기축년 마지막 날도 안녕 잘 자요 인사하고
다음 해를 선물로 받아 웃었음 참 좋겠다

정월대보름날에 1

어머니 대보름은
부산한 손놀림으로 시작된다

찰밥을 시루에 안치고
취나물 호박나물 고사리
삶아 불리고 볶아
온 밤을 새워
정성으로 음식 빚어
보름날 새벽
강가로 나간다

촛불 밝혀
한지에 정성 담아
불 지펴
투박한 두 손으로 빌고 빌어
육 남매 이름 외고 또 외어
한해 복을 빌어 강물에 띄운다

정월대보름날에 2

짚으로 만든 허수아비
몸속 일원짜리 동전은
액운을 땜질하고
동무들이랑 이집 저집 다녀 얻은
복조리 속 오곡밥은
식어도 꿀맛이다

이번엔 옷 태우지 말아야지
다짐해도 어느새 달집 놀이에 정신 팔리고
쥐불놀이에 빠져들어
깡통 속의 불은 공중에서
온통 원을 그리고
불이 뱅뱅 돈다

오늘 저녁엔 잠자지 말아야지
이불에 지도 그리면
내일 아침 키 쓰고
소금 얻으러 가야 하는데

2월의 하루

입춘이 지났는데
한걸음 빨리 온 겨울은 멈춘 듯이
여전히 소한처럼 춥다

남새밭 헤집든 고라니 보금자리
겨울잠 자던 해묵은 논
이른 봄 준비 하느라 불 태웠다

봄은 아직 먼 걸음으로 뒤에 숨어 있는데
마음이 먼저 맨발로 봄 마중 나가다
칼바람에 질려 멈칫 뒷걸음친다

가을걷이 하고 버려둔 밭
검은 비닐 찢어져 너풀너풀 거리고
흰마름 병들어 말라버린 고춧대도 을씨년스럽다

얼었던 또랑은 조금씩 풀려 맑은 물 고이고
개울가 나무 꽃피울 몽우리
더욱 단단히 움켜쥐고 숨죽인다

2월의 풍경

아랫집 옥상
어느 바다에서 놀던 명태인지
빨랫줄에 가지런히 매달려 있다

아~하
동쪽을 향하고 있구나
필시 동해가 고향인가보다

꾸덕꾸덕 말라가면서도
아가리 벌리고
마른 눈동자로 먼 바다를 향한다

발랑댁 삼천포로 빠지다

발랑리로 이주하면서
발랑댁이라 이름 지어진 그녀
앞산이 연녹색으로 물들어
발랑댁 가슴까지 번져 오던 날

자두나무 고운 꽃잎
말라뮤트 물그릇에 떨어지고
봄꽃 흐드러진 하루
발랑댁 가슴에 바람이 들었다

버스는 미끄러지듯
고속도로를 달리고
"차내에서 음주 가무를 할 시
운전자 20만원 벌금 및 40일 운행 정지
가무자 범칙금 부과"
써 붙인 글이 무색하다

평균 연령 60이 넘는
우리들의 어머니 할머님들
흔들리는 버스 속에서

어찌도 그리 균형을 잘 잡으시는지

삼천포로 빠진 발랑댁은 한려수도를 유람하고
건어물가게에서 양 손 가득 선물을 산다
하루 다 잊고 신나게 놀자더니
식구들 먹일 건어물 사는데 신이 난 발랑댁들

오가는 길 조금도 쉬지 않고
펄펄 날으시던 사월의 그녀들
항상 행복하기를

제비꽃 무덤

약수터 지나
산길로 접어들면
보라색 제비꽃으로 단장한 무덤 옆
황토 무덤 하나 덩그러니 있다

오랜 세월
기다림의 날들이 흐르고
이생의 연 다하여
이제사 만난 그리운 이들

아낙은 수줍음에
보랏빛 꽃으로 인사하고
남정네는 늦은 해후로
미안함에 눈 감는다

수색 뒷산 약수터 지나
산길 접어들면
못다 한 이생의 애틋함이 묻혀 있고
무심히 오월의 하루가 흐른다

신기루

스멀스멀 봄이 오는 듯했다
하늘 맑은 하루
예고 없이 3월 눈이 내렸다
영장리 드라이브 길
측백나무 위로 흰색 겨울 외투를 걸쳐 입었다
기념사진 찍을 여유도 없이
겨울로 순간 이동을 한다
신기루를 봤다
순식간 녹아내린 눈
황홀하게 빛나던 아득히 먼 동그라미 속
정말 신기루였을까

비 오는 날 1

먼지 묻은 바람이 실려 온다
산허리 구름 낮게 드리우고
후득 후드득 후득

급하게 빨래감 집안으로 들이고
강줘들 단속하고
비설거지 채 끝나기도 전에 쏟아져 내린다

밭일하던 촌부는 일손 멈추지 않고
아랫집 개구장이들 환호성
구름 위로 퍼진다

건너편 허수아비는 시원한지
막걸리 냄새 풀풀 풍기고
삐딱한 어깨가 더 올라간다

호랑이 장가 가나보다
언제 그랬냐는 듯
하늘이 말갛다

비 오는 날 2

개망초 꽃 흐드러진
건너편 묵은 논 위로
까치 두 마리가 아침을 흔든다

메추리 농장에서 메추리 알 하나 훔쳤나보다
앞선 까치 죽어라 도망가고
뒤따르는 까치 뺏겠다고 죽자고 덤빈다

엎치락뒤치락하던 통에
메추리알 떨어진다
덕분에 횡재한 건 두루미다

날름 집어삼키고
아무 일 없다는 듯
긴 다리로 온 논을 휘저어 다닌다

까치 녀석 둘은 아직도
계산할 게 있는지
비 오는 아침 공중에서 푸닥거리 하고 있다

비 오는 날 3

발그레진 얼굴이 참 예쁘다
쓴 소주 싫다고
매실 섞어 마신 소주

마음이 벌써
더 발그레져서
하늘을 붕붕 날아다닌다

목젖 넘기는 매끄러움이
자꾸만 한잔 더 하라고
유혹한다

몇 잔의 소주로
마음이 오갈 수 있고
속엣 말 툭 트고 얘기함이 행복하다

애잔한 그리움이 없는들 어떠하리
너와 내가 마주앉아 이리도 행복한데

종로3가에서

유월의 긴 하루가 기울고
종로3가 좁은 골목길

상가 밖으로 늘어서 탁자를 가운데 두고
양쪽으로 길게 늘어선 생고기집
좋은 사람들과의 허물없는 농담들
짜릿하게 목젖을 넘기는 곡차
아하하하 오호호호
고기 굽는 냄새와 함께 밤하늘에 퍼진다

어디에 있어도
어떤 모양으로 살아도
만나 웃을 수 있고
곡차 한잔 기울일 수 있어
종종 걸음 해
먼 길 돌아서 가도

그대 내 친구라 칭하는 이들이 있어
나는 참 행복했다네

동명항 영금정에서

동명항 영금정 누각 위
삼킬 듯한 파도의 물거품 앞에서
마음은 그대를 향한다

밀어내도
거부할 수 없는 힘으로 밀려들던
젊은 날의 그대

형체도 없이 부서져
녹아 스며들어
그대가 나이고 내가 그대이던 시간

은색 머리 늘어나면서
헤어짐을 준비하는 그대 앞에서
구경꾼으로만 서 있는데

파도의 포효 속에서
꺼이꺼이
소리 질러 나를 버린다

여행객들이 신기한 듯 웃고
나도 멋쩍게 싱거운 듯 웃고 돌아서는데
삐죽 눈물이 난다

동짓달 열여드렛날 1

그해 동짓달은 얼마나 춥던지
그릇 씻어 엎으면 딱딱 얼어붙었다
시아버님 제사 준비로 하루 종일 무리했던지
젯상 올리는데 배가 많이 아프더라

부랴부랴 젯상 물리고
향불 거두는데
뭐가 그리 급한지
니가 불쑥 나왔지 뭐냐

아들 기다리는 참인데
또 딸이라 서운해서 울었지
셋째 딸 낳고 누워 있을 수가 있어야지
하루 누웠다가 일어났지

다들 와서 보고
"에구 하나 달고 나오지 쯧쯧쯧"
그 소리 듣고 누워서 미역국 못 받아 먹겠더만

몹시도 추웠던

기해년 동짓달 열여드렛날
울 할아버지 제사 파짓 날
아들이 아니어서
많이 서운해 하셨던
울 엄니의 기억 속 하루

동짓달 열여드렛날 2

해마다 열이렛날은 지짐 굽는 냄새
음식 장만하느라 집안이 부산했었다
할아버지 기제에 오신
물축골 작은아버지
고령 고모
고제아제 등등…
나 한번 쳐다보고 웃으시며
"야가 가갸?"
"갸가 갸다"
아하하 오호호
하루 종일 시끌벅적 하다가 열 여드렛날은 조용했다

미역국 대신 무 맑은 국
케이크 대신 시루떡
파부침개 문어다리 삶은 닭

힝~
나도 신식 생일하고 싶은데

살다 보면

그저 살다 보면
신이 채울 수 없는
사람만이 채워야 하는
그런 슬픔이 있습니다

살다 보면
그저 살다 보면
울어도
울어도
마르지 않는
그런 슬픔이 있습니다

그저 살다 보면
무심히 흐르는
바람같이 슬픈
허허로운 스침도 있습니다

겨울이 깊어 간다

고령산 보광사 가는 길
굽은 도로 한참을 올라가
정상 모퉁이 지붕 낮은 오두막

문 열고 들어서자
한적한 카페 안
고구마 익는 내음 정겹다

둥근 나무 테이블
통나무 의자
저음으로 들려오는 흘러간 노래

장작 난로 따스함에 언 몸 녹이고
투박한 잔에 담겨 나온 쌍화차 한잔
더운 김 후후 불어 두어 모금 마신다

벽 빼곡히 붙어 있는 메모지들
색 바랜 흘림체와 잉크도 마르지 않은 낙서 속에
우리네 삶들이 묻어 있다

사랑을 노래하고
이별을 아쉬워하며
다가올 만남을 기대하고

고령산 보광사 가는 길
무허가 카페
나그네 쉼터에 겨울이 깊어간다

고개마루 쉼터

고령산 넘어 소령원 가는 길
영조대왕 어머니 무덤 갈 적에
굽이굽이 돌아
잠시 쉬어

숨 고르기 하던 곳
높은 고개 넘기 힘들어
쉬었다 가던 고령산 꼭대기

수백 년 세월 지나
나그네 쉼터 표지판 달아 올리고
군고구마 냄새 그득한 찻집
헤즐럿 한잔을 마신다
빼곡히 적힌 쪽지들
가지가지 사연도 많은데
그리움 담아 마신 찻잔
신문지에 말아 들고 길을 나선다

찬밥 한 덩이
밀쳐 둔 것 들고 나가
꾸역꾸역 밀어 넣는다

단칸방

누우면 살 닿는 단칸방
신혼여행에서 돌아온 어린 신부 앞
막내아들이라 생각지 못했던
혼수 불만으로 술에 절은 시모의 주정
아침 밥 하라고 밀어낸 추운 새벽
연탄아궁이 옆에서 한참을 울다
시모가 조롱박으로 퍼준 쌀로
어찌 어찌해서 간신히 들여간 밥상
두어 수저 뜨니 밑바닥 보이고
천장 쥐들은 우당탕 뛰다 방바닥으로 굴러 떨어진다
장롱 밑으로
시모의 요강단지 뒤로
개다리소반 사이로
파랗게 질린 새댁을 비웃기라도 하듯 헤집고 다닌다
돌아갈 곳이 없는 새댁
차라리 꿈이었으면

밥 먹는 여자

일산병원
8층 입원실 옆
휴게실

부스스한 얼굴의 여자가
무표정한 모습으로
밥을 먹는다

남편은 벌써 열흘 넘게
병명을 몰라
여기저기 검사에 지쳐가고

금식이란 팻말 붙여놓고
곡기를 끊은 지 오랜 날인데
여자는 허기가 진다

찬밥 한 덩이
밀쳐 둔 것 들고 나가
꾸역꾸역 밀어 넣는다

8층 라운지
왜소한 여자의 등 뒤로
붉은 해가 떠오른다.

어제같이
그제같이
또 엊그제같이

부재중

한적한 바닷가 고운 모래 길을 걸어
해돋이 동산에서 붉은 해가 솟아오름을 같이 보고 싶은 때 당신은 부재중이었습니다

짙은 향커피를 마시며
깊은 입맞춤하고 싶도록 외로운 날
당신은 부재중이었습니다

비오는 날
당신 목소리 듣고 싶어 전화를 했을 때도
당신은 근무 중에 쓸 데 없이 전화하지 말라더군요

가슴 찢어지는 통증으로 위로 받고 싶을 때
손 내밀어 당신 손잡고 싶었는데
당신은 부재중이었습니다

고추보다 매운 시집살이 하소연에 어깨 빌어 위로 받고플 때도
여잔 시집오면 시부모 공양하고 자식들 건사하며
시댁 돌아보는 게 당연하다며 고개 돌리셨지요

시엄니 암 수발에 지쳐 무너질 때도
부모는 돌아가시면 다시 볼 수 없지만
계집은 또 얻으면 되고 자식은 또 낳으면 된다 했었지요

그땐 참 내가 바보였고 순진해서
그 이기적인 말을 효성 지극한 아들이라 생각하고
힘든 시집살이 참아냈었지요

서러운 날에

나 전생에 그대에게
참 많은 죄를 지었나 봅니다
진정 그런가 봅니다

그대 보고픔에
이리도 가슴 저린 것은
필시 그런 연유인가 봅니다

갈색으로 짙어지는 가을날
스산한 바람에 이유 없는 이 슬픔은
내 그대에게 갚아야 할 업이 있어서인가 봅니다

그대 전생에
갚을 길 없는 업일지라도
이제 서러움을 푸소서

그대로 인해 애달픈 그리움으로
전생 연 치유할 수 없을지라도
이제 놓여나게 하소서

갈바람 불어 더 서러운 날
그대 전생의 업을 풀어
그대로 인해 안식하게 하소서

한낮의 꿈

봄날 숭어 떼들
힘찬 물 가름처럼
은빛 비늘을 돋아 세우고
세포들의 반란이 시작된다

소름이 돋을 것 같은
희열 속에서
천정의 등
실루엣처럼 흐느적인다

아니다
아니다
이성은 거부를 하고
감성은 허물어져 내렸다

물오른 숭어
힘찬 숨 가름으로
먼 곳 미지의 세계로
한 슬픈 영혼이 유영을 한다

휘감은 두 팔이
파르르 맥을 놓았다
허공을 뒤엉킨 기억이
다시 보듬어 안식한다

가위눌린 육신을 간신히 풀고
눈을 뜬다
허망함이 밀려온다
꿈

갱년기

지루한 장마 끝
숨이 턱까지 차오는 밤
등짝에 불기운이 훅훅 자꾸만 번져온다

입으로 화기가 뿜어지고
가슴에 화로 하나 숨긴 것 같이
뜨거움이 올라온다

발바닥이 불에 데인 것처럼 화끈거린다
차가운 마룻바닥에 누워도
오늘도 잠들긴 틀려버렸다

샤워기를 틀어
차거운 물을 뒤집어써도
여전히 불기운은 잡히지 않는다

냉동실 얼음을 한 움큼 쥐어
입에 틀어넣어도
화기는 잠시 쉬었다 다시 치솟는다

아직도 젊다고 우겨보지만
갱년기 초기 증상이란다
휴우

여우

학교 다니랴 근무하랴
시간 여유가 없는 딸아이

김치랑 몇 가지 반찬을 만들어
근무처로 찾아갔다

병실에서 나오는 이쁜 간호사
늘 내게 앙앙 투정하던 그 아이다

한 켠으로 불러 세우더니
작은 상자 하나를 꺼낸다

엄마 선물
목걸이를 걸어준다

몇 해 전 도둑이 들어 알량한 패물 몇 개 잃어버리고
실반지 하나도 없는데……

눈물이 핑~ 돈다
아가 고맙다

엄마 아프지 말고 이거하고 놀러 다녀
나중에 내가 더 좋은 거 해주께

아냐 안 해줘도 돼
그냥 너도 예쁘게 살어

집으로 돌아오는 길
흐린 하늘도 참 예뻤다

내 아우여

사랑보다 더 깊은 건
정이라 했던가
정보다 더 깊은 건
핏줄이더라
부부는 등 돌리면
남보다 못하고
자식은 낳으면
골골마다 자식이랬다
내 어머니의 귀한 세포 나누어서
나보다 더 귀하고 곱게 빚은 내 핏줄들
내 어머니
모습을 나누고
내 아버지를 꼭 빼다 놓은
그리운 사람아
무의식 속에서도
서로 당겨 안부 묻는 나 닮은 사람들
나누지 못하여 애달프고
같이하지 못하여 안타까운 인연이여
어디에 있어도
무엇을 하여도

그대들이 아프면
나도 아프고
그대들이 행복하면
나 또한 행복하다네

잘 가시게

자네 이 사람아
뭐가 그리 바빠서
작별의 인사도 없이 황망히 이생의 연을 놓았는가

부모 앞서 먼저 가는 게
하늘 아래 제일 큰 불효인데
어쩌자고 그리도 매정히 갔는가

자네한테 미안하네
조금 더 살뜰히 대했어야 하는데
사는 게 뭔지

암도 정복하는 21세기에
패혈증으로 가다니
이게 무슨 일인가

토끼같이 이쁜 두 딸 있음 그만이지
아들이 뭐라고 고통을 움켜쥐고
숨을 거두는가

첩첩 산골에서 혼자 외롭게
먼 길 떠난 자네
이제는 모든 짐 내려놓고 평안하시게

다음 세상이 있거들랑
좋은 사람들 만나서
행복하시게나

잘 가시게
조카

내 친구여

새댁 시절 매서운 시집살이 하소연
묵묵히 들어 주던 자네
그저 빙그레 웃기만 했었지

아이들 자라 사춘기 때
조율하지 못하는 어설픈 엄마였던 내 옆에
자넨 나보고 배부른 투정이랬지

내 낭군 아파 병원에 있을 때도
한걸음으로 달려와서
자네 일인 양 아파했었지

자네 앞에서만은
마시지도 못하는 곡차 기운 빌어
주절주절 떠들어도 허물 덮어주었었지

대중목욕탕에서 만나
서로 등 밀어줘도
부끄럽지 않은 자네

한동안 연락 없이 지내도
그저 잘 있으려니 하고
만나면 반가운 자네

오늘도 어제 보고 또 본 듯
자네 얼굴 대하니
난 참 행복했다네

자네도 늘 행복하시게나
자네가 행복하면 나 또한 행복하다네
내 친구여

그냥

아무것도 바라지 않고
그 사람 곁에 있게만 해달라고
감히 입 밖에 소리 내지 못하고
빌던 시간이 있었습니다

그 사람
내 곁에만 있게 해달라고
목젖 내어 놓고 꺼이꺼이
울었던 시간이 있었습니다

그 사람 곁에 있는데
지금 나는 외롭습니다
얼마나 오만한 생각인지
너무 잘 아는데
어깨 빌려 쉬고픈 시간이 있습니다

아무것도 바라지 않고
무쇠 팔 무쇠 다리 마징가 Z도
가끔은 지치고 쉬고플 때가 있습니다
그냥요

동창회에서

농로를 따라 굽이굽이 올라간 곳
관광버스 멈춰 선 곳 북상면 깊은 골

무지개송어 벗은 몸 부끄러워 선홍으로 물들고
접시에 가지런히 담겨진 채 식탁 위로 올랐다

껍질은 기름에 튀겨
바삭이는 술안주가 되고

목젖 짜르르 넘기는 소주 한 모금
입안에 퍼지는 고소한 숭어회

오랜만에 만나 얼굴도 잘 기억나지 않은
한방 가득한 초등 동창회

꼬맹이 시절을 같이 공유했던
추억 속에 동무들

35년 시간을 훌쩍 넘어
허물 벗은 벗이 되었다

여행

4월의 이른 아침
짙은 커피 한잔으로 아침을 대신한다

주섬주섬 여행 준비를 마치고
훌쩍 떠난다

조금은 어색하고 조금은 조심스럽지만
여행은 늘~ 가슴을 설레게 한다

북한강 가에 피어나는 물안개
물 위 그림 같은 작은 섬들

연녹색 잎
차가워서 더 좋은 아침 공기

눈 덮인 설악산
그림 같은 풍경을 담기엔 가슴이 작다

양양의 내린천
햇고사리 한 봉지

화조대 우체국 앞 작은 정류장
친구와의 만남

벚꽃 터널
흔들바위

동명항 영금정
꿀맛이었던 회

부서지는 파도의 포말
까르륵 까륵 아낙들의 웃음소리

아~아~
나는 살아 있어 행복하다

장맛비

장맛비
내리던 날

깊은 우울이
하늘로부터 쏟아지고
산을 감은 비구름
점점 더 깊어
전주에 앉은 까치
움직일 줄 모른다

쏟아지는 폭우에
고랑은 더 깊게 파이고
인터넷도
TV 수신도 두절된 산골
번쩍이는 번개 뒤로
산을 흔드는 천둥소리

시간은 멈춘 지 오래고
우울은 그칠 줄 모른다

안개나라

초겨울 안개 바다에 둘러싸인 작은 섬
월롱역
새벽은 소름 끼치도록 적막하다

문산에서
서울로 가는 기차
안개 섬으로 들어서고
삼삼오오 서 있던 승객
서둘러 기차에 오르고
빈자리 찾아 들어 앉자
안개바다를 가르고 기차가 출발한다

추위와 온몸이 풀어지는 노곤함으로
살풋 잠이 들고
안내방송 소리에 후다닥 잠 깨니
내릴 역 놓친 민망함에
서둘러 다음 역에 내린다.

안개 나라는 사라지고
휴일 아침 속에 덩그러니 서 있다

커피

문득 두어 달 끊었던
커피를 마십니다
입덧하는 여인네처럼
눈길조차도 주기 싫어졌는데

가을 문턱이라지만
아직도 정오의 햇볕 따갑고
매미 소리 여전히 극성인
늦여름인데

펄펄 끓는 물을 여과지에 부어
커피 향 스며든 집안에서
문 꽁꽁 잠가두고 전화기 코드 뽑고
커피를 마시고 있습니다

두어 달 주렸던 커피를 보충하듯
창밖 측백나무 사이로
햇살이 퍼져가는 가을 문턱에서
커피를 마십니다

외식

겨울비 내리는 저녁
긴 밤은 허기가 진다

환자복 위로 코트 하나 걸치고
동전 지갑 챙겨 외출 준비를 한다

병원 앞 포장마차에서 산
붕어빵 4개 어묵 2개

1층 로비에서 당신 먹소 나 먹소
뜨거운 국물 후후 불면서 마신다

인심 좋은 아저씨 덤으로 준 붕어빵 하나
반을 나눠 먹으니 마음마저 배부르다

입원실 계단 오르며 잡은 남편의 손
악성빈혈로 가늘게 떨리고

어지럼증으로 힘들어 해도
이렇게 서로 바라볼 수 있어 감사하다

감기 1

진달래
목련
개나리
벚꽃

흐드러지게 피어 늘어진 4월
바람결에 꽃 소식
자꾸만 귓가를 두들기고
아낙은 마음이 들썩인다

귀에서 윙윙 봄바람을 일으킨다
만개한 꽃 소식에 목이 따끔거린다
가슴이 벌렁대더니
더운 김이 입으로 훅훅 비어져 나온다

봄 시샘하는 꽃샘추위에
긴 밤 가랑가랑 가래 끓고 기침 잦아
벽걸이시계의 초침소리
멀리 개 짖는 소리까지 신경을 긁는다

얼마나 더 앓아야
아름다워서 더 잔인한 4월이 갈는지
오싹한 한기에 다시 겨울 옷 꺼내 입는데
밖은 봄 봄 봄, 꽃 꽃 꽃 시위를 한다

감기 2

긴밤 기침을 동무해서
아침을 맞이하고
일상의 일들 미룰 수 없어
부엌을 향한다

며칠 동안 시장도 가지 않아
냉장고는 텅텅 비고
감자 싹 도려내고 남은 자투리
숭덩 숭덩 썰어 된장찌개에 넣고

흩어진 빨랫감들 세탁기에 돌리고
김장 김치 꺼내려고 창문을 여니
고라니 한 마리 후다닥 놀라
산속으로 달음질한다

신열이 오르내려도
내 할일 있음이 축복이고
함께 걱정해주는 내 좋은 이들이 있어
살아 있음을 감사한다

‖ 작품해설 ‖

귀거래(歸去來)의 애환과 여심(女心)

—이동숙 시인의 작품 세계

문학평론가 리 헌 석
(사) 문학사랑협의회 이사장

1. 자연에서 무심 가꾸기

산업화와 함께 도시 진출이 최선으로 인식되었을 때도 있었다. 산업의 편중된 발전으로 농촌 어촌 산촌에는 극심한 노령화가 이루어진다. 이러한 현상이 현재도 진행형이지만, 최근에 귀촌(歸村)하는 경향이 두드러진 것도 사실이다. 도시화의 물결 속에서 예기치 않은 질환들이 발발하여 치료 및 휴식을 위한 사람도 있고, 조기 은퇴자들의 천석고황(泉石膏肓)과 텃밭 가꾸기도 있으며, 농촌 어촌 산촌을 산업기지로 보는 젊은이들도 목격되고 있다.

남편의 항암치료를 마치고, 요양차 발랑리에 집을 짓고 이주한 이동숙 시인은 텃밭을 일구는 일을 본업처럼 생각하며 지낸다. 많은 도시인들의 로망이기도 한 귀촌은 실천에 옮기기도

힘이 들고, 또한 성공하기 위해서는 수많은 시련과 고난을 극복해야 한다. 그는 〈토란교 넘어서면/ 작은 길목 돌아// 농로 포장한 곳/ 끝나는 지점〉에 황토벽돌 곱게 새 집을 짓도 귀촌한다. 그 지명이 '발랑리'여서 '발랑댁'이 되어 농사를 지으며 행복한 가정을 꾸린다.

행복의 이면에는 농촌의 애환이 녹아 있다. 〈연고도 없는 곳으로 집 지어〉 들어온 그는 〈늘 이방인 같아 마음 한편이 비어 있다〉고 실토한다. 〈일년에 한두 번씩 방문하는 손님들은/ 넘넘 좋다고, 자기들도 나이 들면 이렇게 살고 싶다고/ 조금이라도 젊은 나이에 꿈을 이뤘으니 얼마나 좋으냐〉고 부러워한다. 그렇지만 그는 웃으면서 속으로 말한다. 〈이런 곳엔 1년에 한두 번 와야 좋지 살아보소/ 얼마나 외롭고 사람 그리운지〉라고 생활 속의 외로움을 밝힌다.

이런 생활 속에서 살다 보면 가끔 부부 사이에 크고 작은 간극(間隙)이 생기게 마련이다. 이를 현명하게 극복하는 것이 요체(要諦)인데, 그는 이러한 상황을 작품에 투영함으로써 갈등을 해소한다.

밥상 위에
내 수저 먼저 놓기

내 밥그릇에
밥 먼저 담기

아침에 무쳤던 나물

점심상에 또 올리기

식탁에 그득했던 반찬
서너 가지로 줄이기

식사 하라고 불러도 안 오면
나 먼저 먹기

사실은
이 모든 것
아무 것도 안 하기

—「소심한 복수」 전문

과거 봉건시대라면 이와 같은 '소심한 복수'도 금기(禁忌)였을 것 같다. 그러나 존속과 비속 사이, 혹은 부부 사이에서 매일같이 참담한 일들이 벌어지고, 매체를 통해 익숙한 현대인들에게는 '사랑스러운 복수' 정도로 수용될 것 같다. 부부 사이의 갈등이 이렇게 조정될 수만 있다면, 그리하여 미움이 어느 정도 상쇄될 수 있다면, 이는 현명하고 온당한 처신일 터이다. 혹여 아름답지는 않을 수 있지만, 충분히 애교로 보아 넘길 수 있을 터이다. 이 작품을 읽으면서 이동숙 시인의 맑고 정갈한 시심(詩心)을 확인할 수 있다.

휴일에 그는 〈느티나무 잎이랑/ 마당 가득 쌓인 낙엽을 모은다/ 낙엽 타는 냄새가 기분 좋게 한다〉고 안분지족(安分知足)을 노래한다. 〈스무 해 전에 울 아들 걸음마 할 적/ 심었던 아들 키만하던 느티나무/ 하늘로 나래 펼쳐/ 마당을 뒤덮었다〉고 보람을 찾는다. 이와 함께 〈무 배추 뽑고 남은 자리/ 마늘 심을 준비로 잔손 분주〉하게 겨우살이 준비를 알차게 하는 주부이기도 하다. 그래서 그의 작품에는 농촌 아낙의 삶이 오롯하게 들어 있다.

2. 가족 사랑의 표본

불교에서 전하는 '부모은중경(父母恩重經)'은 부모의 은혜가 한량없이 크다고 본다. 구체적인 예로서, 어머니가 아이를 낳을 때는 3말 8되의 응혈(凝血)을 흘리고 8섬 4말의 혈유(血乳)를 먹인다고 하였다. 그렇기 때문에 이와 같은 부모의 은덕을 생각하면 자식은 아버지를 왼쪽 어깨에 업고 어머니를 오른쪽 어깨에 업고 수미산(須彌山)을 백번 천번 돌더라도 그 은혜를 다 갚을 수 없다고 하였다.

가장 핵심이 되고 있는 십대은(十大恩)은 다음과 같다. ① 품에 품고 지켜 주신 은혜(懷耽守護恩), ② 해산날의 고통을 이기신 은혜(臨産受苦恩), ③ 자식을 낳고 근심을 잊는 은혜(生子忘憂恩), ④ 쓴 것을 삼키고 단 것을 먹이신 은혜(咽苦甘恩), ⑤ 진자리 마른자리 가려 누이는 은혜(廻乾就濕恩), ⑥ 젖을 먹여서 기르신 은혜(乳哺養育恩), ⑦ 손발이 닳도록 깨끗이 씻어주시는 은혜(洗濁不淨恩), ⑧ 먼 길을 떠나갔을 때 걱정하시는 은혜(遠行憶念恩), ⑨ 자식을 위하여 나쁜 일까지 짓는 은혜(爲造惡業恩), ⑩ 끝까지 불쌍히 여기고 사랑해 주는 은혜(究意憐愍恩) 등이다.

그렇지만, 현대인의 생활에서 이러한 은혜를 깨닫고 효를 실천하는 것은 현실적으로 어려운 일이다. 오히려 불효를 짓지 않는 것만으로도 고마워할 지경에 이르른 것이 사실이다. 그래서 부모에 대한 존경과 사랑을 실천하는 일은 아름다운 일이고, 이를 작품에 담아 널리 펴는 것은 더욱 가치 있는 일이다.

27년 세월
참 많이도 당신 그리워하시고
왜 이리도 시간이 안 가는지
늘 애타 하셨답니다

아버지
당신의 귀여운 여인
나이 들어 호호 할머니일 때도
입 가리고 웃으신 거 아세요?

아버지
이제 헤어지지 마시고
당신의 예쁘고 귀여운 여인과
오래오래 행복하세요

—「아버지 기쁘시지요」 일부

어머니의 별세를 맞아, 오래 전에 작고하신 아버지에게, 두 분이 저 세상에서 행복하게 지내시라는 축도(祝禱) 성격의 작품이다. 아버지가 작고한 세월이 27년이라는 점, 어머니는 어서 빨리 지아비를 만나고 싶다면서 입을 가리고 웃으시며 수줍어하였다는 것, 이제 두 분이 함께 저 세상에서 만나 행복하시라는 소망을 담고 있다.

어머니께서 떠나신 것은 정말 애통한 일이다. 그러나 그 슬픈 감정을 극복하고 새롭게 작품으로 빚어내는 것은 오직 시인만의 특권이다. 이동숙 시인은 놀라운 상상력으로 감동적인 작품을 빚는다. 어머니가 하늘나라로 가신 일을 「하늘 구경하시겠다」고 상상한다. 〈밝은 햇살 펴진 날/ 연로하신 울 엄니/ 하늘 구경하시겠다// 눅눅해진 이불/ 내다 널며 올려다본 하늘/ 울 엄니 얼굴 같다// 힘들고 어려운 일 있어도/ 언제나 자식들 앞에서/ 밝게 웃으시던 엄니〉와 하늘을 동일시한다. 이처럼 하늘과 같은 어머니를 그리면서 지나간 세월을 반추(反芻)한다.

어머니 대보름은
부산한 손놀림으로 시작된다

찰밥을 시루에 안치고
취나물 호박나물 고사리
삶아 불리고 볶아
온 밤을 새워
정성으로 음식 빚어
보름날 새벽
강가로 나간다

촛불 밝혀
한지에 정성 담아
불 지펴
투박한 두 손으로 빌고 빌어
육 남매 이름 외고 또 외어
한해 복을 빌어 강물에 띄운다

—「정월대보름날에」 전문

어머니의 '정월 대보름'을 노래하고 있지만, 이와 같은 연민과 정성을 이어받은 자신에 반영한 작품이기도 하다. 오래 전부터 시인과 시인의 어머니를 포함한, 우리의 어머니들은 매사에 정성(精誠)을 제일로 삼아 왔다. 1월 보름날에 시루에 쌀을 앉혀 밥을 지어 마을 사람들과 나누었다. 좀 더 나아가 천신(天神)과 지신(地神)에 제사 지내고, 온 세상의 정령(精靈)에게 제사 지내며, 강물에 사는 미물들에게도 사랑을 베푼 것은 중요한 일이다. 과학적 해석 이전에 그러한 마음과 정성이 소중한 것이다.

우리의 어머니 할머니들은 시루에 좁쌀을 익혀 강으로 가서, 천지신명에게 기도하면서 '꼬시레'를 하였다. 특히 강가에 사는 사람들은 얼어붙은 강의 숨구멍에 좁쌀을 넣거나, 철장으로 구멍을 내고 그 곳에 좁쌀을 넣었다. 겨우내 굶주렸던 물고기의 허기를 지우려는 행위를 우리들은 '어부슴'이라고 하였고, 우리의 어머니들은 이를 실천하며 가족의 안녕과 행복을 기원하였다.

이동숙 시인은 어머니의 이러한 모습을 지켜보면서, 그 행위의 바탕에 녹아 있는 사랑을 오늘에 실천하려 성심을 다한다. 이러한 마음자세는 가장 가까운 남편과 자녀들에게로 향한다. 특히 병중(病中)에 있는 남편을 걱정하는 내면이 맑고 곱다.

> 그대 두고 온 첫날밤
> 좁디좁던 공간이었는데
> 비어서 아무것도 없는 내 마음처럼
> 왜 이리도 휑하니 넓던지요

머리 땅에만 닿으면
부끄럼도 모르고
코까지 골며 잠들었는데
밤은 왜 이리도 길던지요

천정의 작은 꽃무늬를 세어도
부스럭부스럭 집안 정리를 해도
그냥 멍하니 벽에 기대어도
그대만 생각나네요

내 심정 이럴진대
병상에 있는 그대 어떠할까
자꾸만 속울음 나와
기어이 통곡하고 울었더이다

—「그대 두고 오던 날에」 전문

결혼생활을 시작한 이후 처음으로 남편이 입원을 한다. 입원을 시킨 첫날밤의 만감어린 서정을 작품으로 옮긴다. 그 울음 섞인 하소연은 「결혼 26주년」에서도 절절하게 만날 수 있다. 〈잠든 당신 가슴 위에 손 대어보고/ 귀 기울여 숨을 쉬나 확인하며 산 날들/ 그저 곁에만 있게 해달라고 빌었었는데/ 마음에서 밀어낸 날들로 아파〉하는 세월을 되새긴다.

또한 「반쪽과 금쪽」에서는 남편과 자녀에 대한 생각이 오롯하다. 〈반쪽이/ 악성종양이란 말을 들었을 때/ 놀라고 무섭기도 하였지만/ 처방대로 치료하고/ 식이요법 잘하면 될 거라/ 스스로 위로〉하였다고 한다. 이와 함께 〈방학을 마치고 돌아오는 금쪽〉의 지친 모습에 하늘이 무너져 내렸다고 한다. 그리하여 〈내 반쪽 건강하고/ 내 분신 반듯하게 살면/ 내 손바닥 지문 닳아 없어져도〉 좋다고 한다. 이들의 건재(健在)가 자신의 행복이라는 근원적인 사랑에 귀납한다.

자연 속에서 자연과 함께 살았기 때문인지, 그의 시 역시 자연스럽다. 부모에 대한 공경과 사랑, 남편에 대한 연민과 사랑, 자녀들에 대한 기대와 사랑 등이 작품에 투영되어 감동의 파노라마를 연출한다.

3. 귀촌 생활의 다양성

이동숙 시인의 농촌 생활은 그의 귀거래(歸去來)에 연유한다. 도연명도 일찌기 「귀거래사(歸去來辭)」의 말미에 이와 유사한 형상화를 보인다. 〈登東皐以舒嘯 등동고이서소 / 동쪽 언덕에 올라 조용히 읊조리고,〉 〈臨淸流而賦詩 임청류이부시 / 맑은 시냇가에서 시를 짓는다.〉 〈聊乘化以歸盡 요승화이귀진 / 잠시 대자연을 따라 돌아가리니〉 〈樂夫天命復奚疑 낙부천명복해의 / 주어진 천명을 즐길 뿐 어찌 다시 의심하랴.〉

도연명이 스스로 관직에서 물러나 한가로운 생활을 추구하며 살았듯이, 이동숙 시인 또한 전원에 귀촌(歸村)한다. 그러나 농촌의 현실은 그렇게 녹록한 것이 아니다. 그는 「배추농사」를 지으며 새로운 시련을 겪는다. 〈무농약 유기농으로 키우려니/ 굼벵이 놈 뿌리째 싹뚝 잘라 먹어/ 다시 듬성듬성한 자리〉에 보식(補植)을 한다. 〈어느 날부턴가/ 배추벌레가 번성해서/ 그물 모양으로 배추가 내려앉는다〉 그래서 목초액을 희석하여 분무기로 퇴치한다. 〈반타작이 어디냐고 좋아할 때/ 공급 잉여〉로 밭에서 출하도 하지 못하고 천오백 포기배추를 밭에 세워 얼려 죽이는 아픔을 겪는다.

콩 심은 데 콩 나고
팥 심은 데 팥 난단 말
누가 했는지
말짱 거짓말이다

심은 콩은 비둘기가 파먹고
팥은 싹도 안 났다

심지도 거두지도 않은
6월 땡볕의 잡풀
뽑고 또 돌아서면
나 여기 있소 나온다

모종한 호박 고구마
거름 독해 타죽고
무성한 배추
장마에 짓물러가고

오락가락하는 비에
초보 아낙 한숨이 는다

—「하소연」 전문

이처럼 농사를 지으며 한숨을 짓지만, 초보를 벗어나면 보람 또한 새롭게 마련이다. 〈봄날같이 포근한 겨울〉 어느 날 그는 〈노랑태 물에 불려〉 메주를 만든다. 노랑태는 콩의 일종인데, 주로 메주를 만들거나 콩나물을 기르는 품종이다. 〈마당 한켠에/ 가마솥을 걸어 불〉을 지피고, 약한 불로 약 6시간쯤 삶은 다음, 절구에 넣어 빻고, 이를 사각틀에 넣고 꾹꾹 눌러 메주 모양을 만든다. 이를 짚 위에 놓거나, 짚으로 엮어 묶은 다음에 천장에 매달아 놓으면 메주가 뜬다. 이러한 노력과 정성으로 만든 메주여서 가족의 건강을 지키는 먹을거리가 된다.

농촌에서는 여러 작물(作物)을 재배한다. 봄에 파종하여 여름에 길러내어 가을에 추수하기를 기다린다. 「가을걷이」에서 그는 단계별로 상황을 정리한다. 첫째는 농사를 짓던 작물을 거두고 난 농지(農地)의 〈(빈)들이 점점 넓어져 간다〉고 한다. 둘째는 무말랭이 고구마 토란대 땅콩 등을 수확하여 쌓아 놓았기 때문에 〈마당은 점점 좁아져 간다〉고 한다. 그리하여 마침내 〈가을걷이는 멀었는데/ 마당은 벌써 만석꾼〉이라며 풍성한 수확을 노래한다.

이렇게 열심히 아마추어 농사꾼으로서 농사를 짓지만, 남편의 병환은 그를 한없이 슬프게 한다.

그저 살다 보면
신이 채울 수 없는
사람만이 채워야 하는
그런 슬픔이 있습니다

살다 보면
그저 살다 보면
울어도
울어도
마르지 않는
그런 슬픔이 있습니다

그저 살다 보면
무심히 흐르는
바람같이 슬픈
허허로운 스침도 있습니다

—「살다 보면」 전문

이런 슬픔은 그를 공허(空虛)에 빠뜨리기도 한다. 이 시기에는 세상의 모든 사물이 자신의 정서와 동일하게 보인다. 마을의 빈 집도 그러한 제재(題材) 중의 하나다.

그가 사는 마을의 말구리길 27호는 〈두어 해 전 서울 부자 양반/ 논을 메워 밭을 만들고/ 다시 그 터에〉 지은 빨간 벽돌집이다. 네모반듯한 그 집에 〈누가 이사 오나 기다려도/ 굳게 잠긴 문은 궁금증만 자아내고/ 두어 해〉가 지난다. 그래서 그 집의 〈현관 문 앞 토끼풀들 자라고/ 엉겅퀴 민들레 애기똥풀/ 가꾸지도 거두지도 않았는데/ 흐드러지게 피어 집〉을 지킨다. 이처럼 거의 폐가에 이르도록 방치한 '농가'는 농촌의 현실을 상징한다. 〈비싼 자동차로/ 부동산 업자들 수시로 드나들어/ 마당에 차바퀴 자국〉 그득하지만 말구리길 27호는 아직도 빈집이라는 지적은 농촌의 공동화를 대변한다.

이런 정서에 깊이 빠져 있으면서도, 그는 삶의 근원에 접근한다. 무심하게 보아 넘길 수 있는 사물에도 특별한 의미를 부여한다. 아랫집 옥상 위에서 말라가는 명태에 대한 관심 역시 그러하다.

아랫집 옥상

어느 바다에서 놀던 명태인지
빨랫줄에 가지런히 매달려 있다

아~하
동쪽을 향하고 있구나
필시 동해가 고향인가보다

꾸덕꾸덕 말라가면서도
아가리 벌리고
마른 눈동자로 먼 바다를 향한다

—「2월의 풍경」 전문

마을에서 자연스럽게 만날 수 있는 정경이지만, 시인의 예술적 감수성은 삶의 근원에 대한 탐구로 이어진다. 옥상에 매달려 있는 명태의 고향이 동해라는 것, 그래서 몸이 말라가면서도 눈은 동해 바다를 향하고 있다는 착상은 수구초심(首丘初心)의 현대적 해석이다. 이러한 형상화가 이동숙 시인의 문학적 개성이다.

4. 소통을 위한 기도

자연과 함께 가족이 행복하게 사는 것을 소망하면서도, 남편의 병환은 그에게서 언어를 앗아 간다. 〈병약한 모습으로 침상에 누운 당신〉을 보면서 〈내가 당신을 위해 할 수 있는 일이 없음〉을 깨닫는 순간 그는 우울(憂鬱)에 빠지기도 한다. 〈수술 실밥도 풀지 않은 몸으로/ 출근하는 뒷모습〉을 보며 남몰래 운다. 슬퍼도 슬퍼할 수 없고, 낙심하면서도 그 내면을 표출할 수 없을 때, 사람들은 서로 소통할 수 있는 사람을 그리워한다. 그리하여 속을 터놓고 대화할 친지를 찾는다.

그러나 친지를 만나, 자신의 이야기를 꺼내놓기도 전에, 그 사람이 자기 이야기를 늘어놓기 때문에 시인은 침묵할 수밖에 없다. 그 상황에서 시인은 지난 시절에 그 친지를 만나 자신이 하고 싶은 말들을 쏟아 내었을 때를 회상한다. 그때의 친구도 지금 자신의 마음과 같았으리라고 역지사지(易地思之)한다.

말이 고파 허기지던 날
말고픈 여자와 마주 앉았다
그녀는 주섬주섬 말들을 늘어놓았고
머리가 멍하니 비어갔다

내가 고픈 말들을 주절거릴 때
그녀도 지루했을까
그날
그녀가 양주 한 병을 바닥내고도
끄떡없이 버티고 앉아 있을 때
윙윙 벌들이 날아다녔다

억울함과 서러움으로 몸서리를 치며
그녀가 내 앞에서 그러하였듯이
오늘
벌들이 더 소리를 높여 윙윙거린다
그날, 그녀도 그랬을까

―「말이 고픈 날 2」 전문

친지를 만나서도 복잡다단한 내면이 풀어지지 않을 때, 대부분의 사람들은 절대자에게 의지한다. 그는 기독교 신자이기 때문에 교회에 나가 기도하며 신(神)과의 소통을 염원한다. 〈사는 것이 너무 너무 힘들어/ 의자도 없는 교회당에 미친년처럼 철퍼덕 앉아/ 펑펑 울었더랬다〉 〈새벽 기도를 드리러 온 교인들이/ 두 다리 펴고 훌쩍이는 여자 땜에 당신들 기도도 하지 못하고/ 그녀를 위해 대신 기도를 해주었다〉 〈새벽잠을 깨/ 기도 올리러 왔던 교우들이/ 철없이 떼쓰는 그녀를 위해 울어주었다〉며 진심어린 위로에 어느 정도 마음이 가라앉는다. 그리하여 〈교회당을 올 때처럼 아무것도 없이 내려가면서/ 다시는 울지 않았다〉고 고백한다.

그는 "무화과나무 열매 마르고 논밭에 곡식이 없어도/ 난 여호와로 인하여 기뻐하고 즐거워하노라."를 묵상하며 살아간다. 스스로 '기뻐하고 즐거워하기'로 하고 생활 속에서 작은 보람을 찾는다. 환자를 돌보다 〈병실에서 나오는 이쁜 간호사〉인 '딸'과 열심히 노력하는 '아들'을 만나 아름다운 세상을 만들고자 한다. 이와 같은 긍정적 자세를 견지하면, 그의 외로움과 낙심(落心)이 말끔하게 걷히리라 믿으며, 이동숙 시인의 작품이 일신(日新) 우일신(又日新)하기를 기대한다.

말이 고픈 날

이동숙 시집

발 행 일 | 2013년 11월 1일
지 은 이 | 이동숙
발 행 인 | 李憲錫
발 행 처 | 오늘의문학사
출판등록 | 제55호(1993년 6월 23일)
주 소 | 대전광역시 동구 삼성1동 125-6 한밭오피스텔 401호
전화번호 | (042)624-2980
팩시밀리 | (042)628-2983
홈페이지 | http://www.lito77.co.kr(홈페이지)
전자우편 | hs2980@hanmail.net

공 급 처 | 한국출판협동조합
주문전화 | (070)7119-1741~2
팩시밀리 | (031)944-8234~6

ISBN 978-89-5669-572-3
값 8,000원